EASY MAZES FOR KIDS

_____

IF YOU FOUND THE BOOK, PLEASE CONTACT:

_____

THIS BOOK BELONGS TO

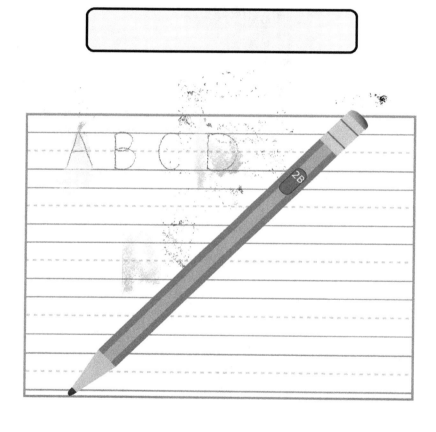

1

2

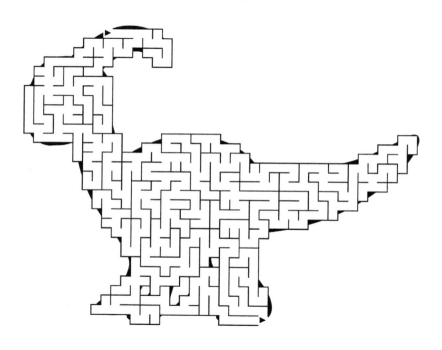

3

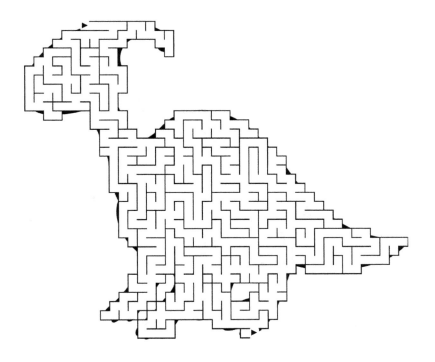

4

5

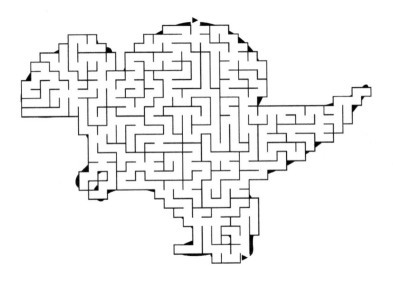

6

7

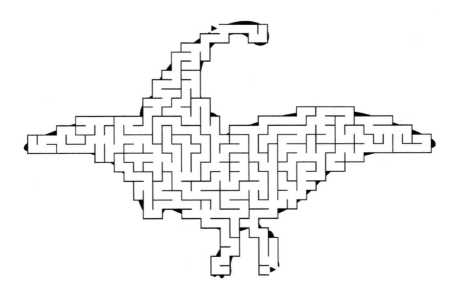

8

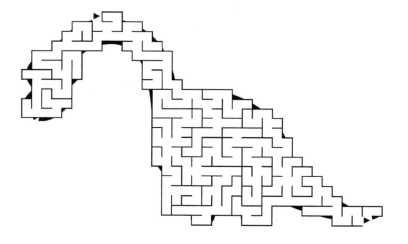

9

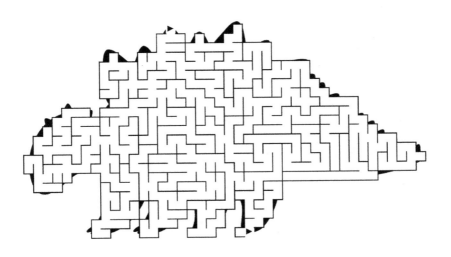

10

11

FIND THE RIGHT WAY

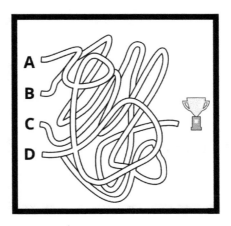

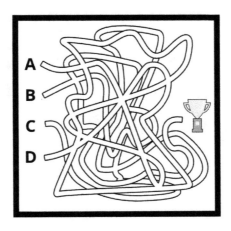

12

FIND THE RIGHT WAY

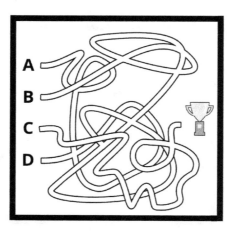

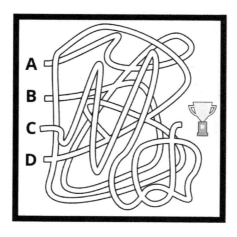

13

FIND THE RIGHT WAY

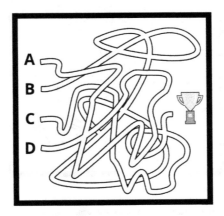

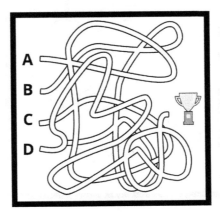

14

FIND THE RIGHT WAY

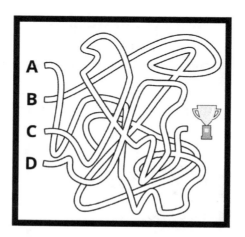

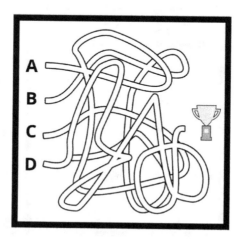

15

FIND THE RIGHT WAY

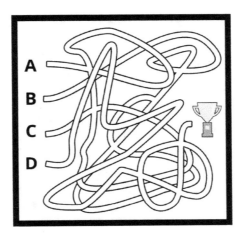

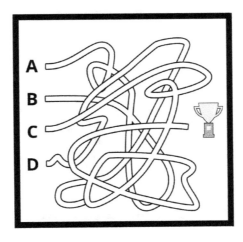

16

FIND THE RIGHT WAY

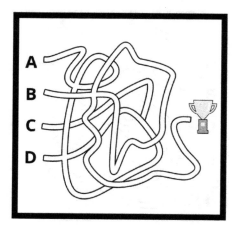

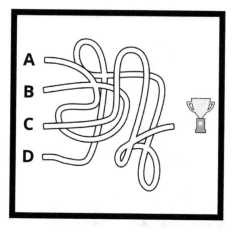

17

FIND THE RIGHT WAY

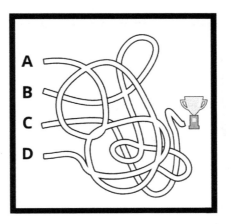

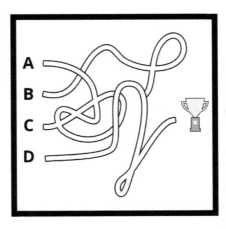

18

FIND THE RIGHT WAY

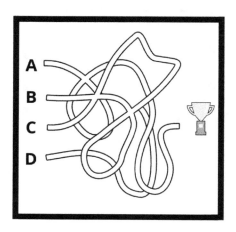

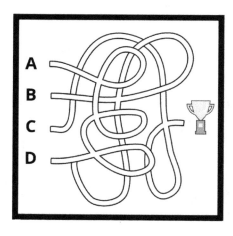

19

FIND THE RIGHT WAY

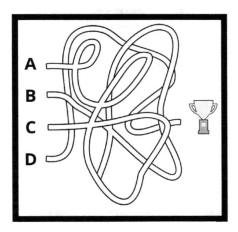

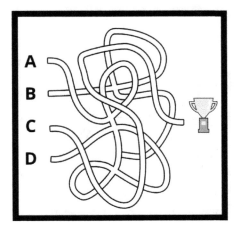

20

FIND THE RIGHT WAY

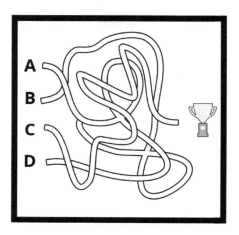

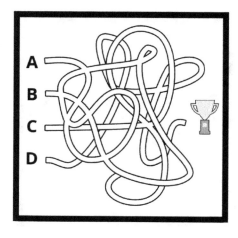

21

22

23

24

25

26

27

28

29

30

31

32

33

34

35

36

37

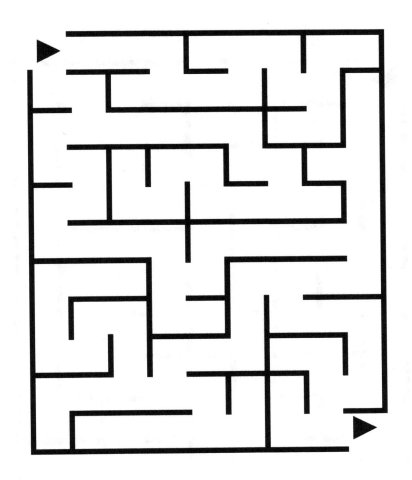

38

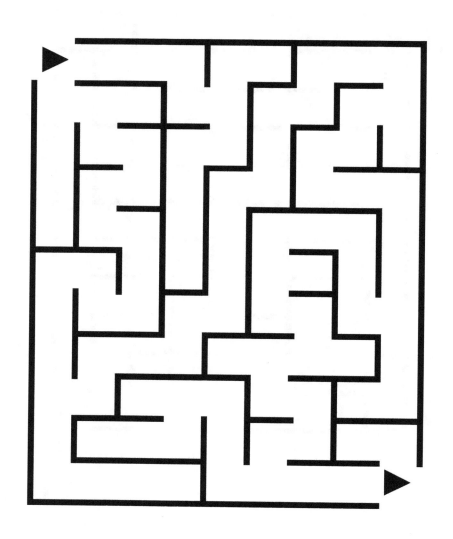

39

40

41

42

43

44

45

46

47

48

49

50

51

52

53

54

55

56

57

58

59

60

61

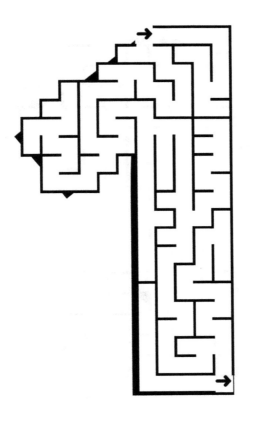

62

63

64

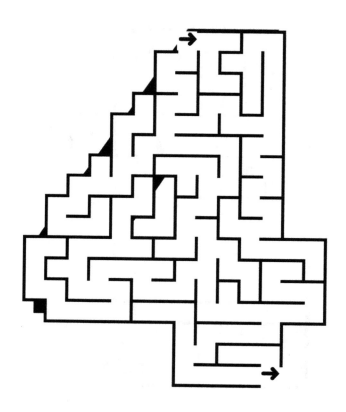

65

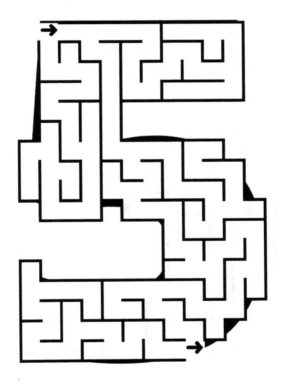

66

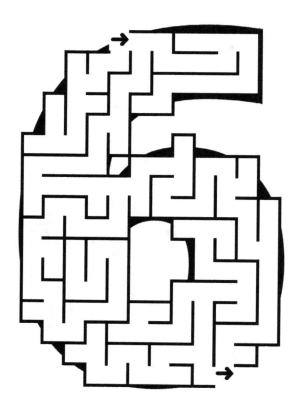

67

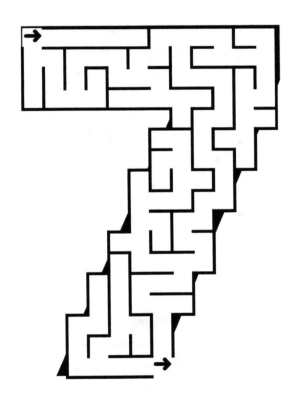

68

69

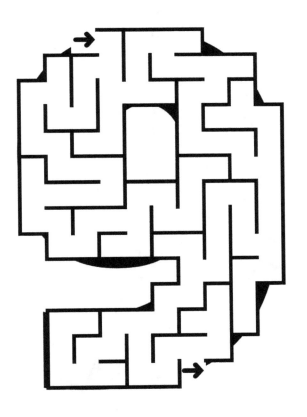

70

71

72

73

74

75

76

77

78

79

80

81

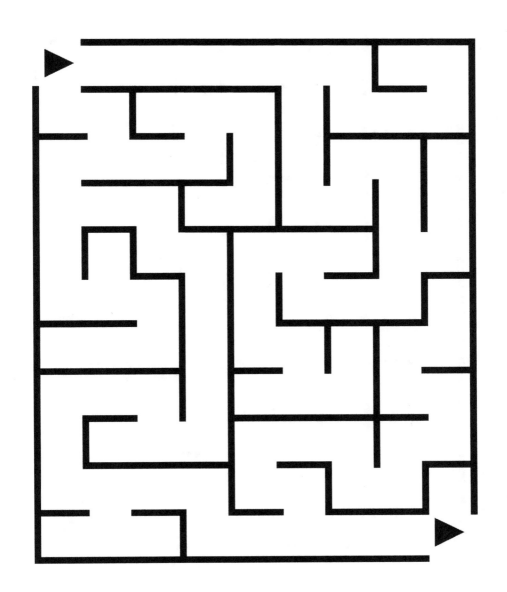

82

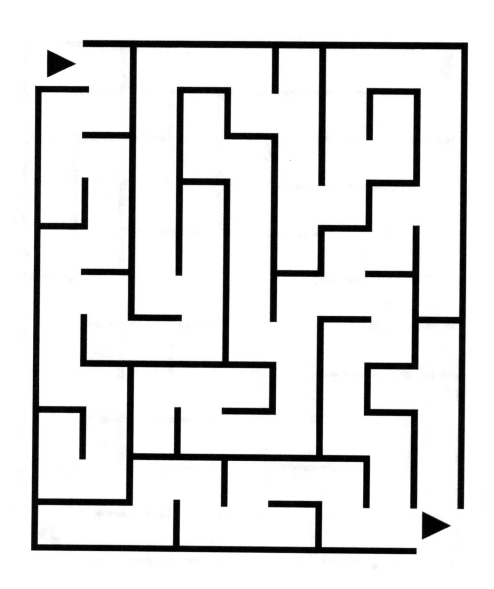

83

84

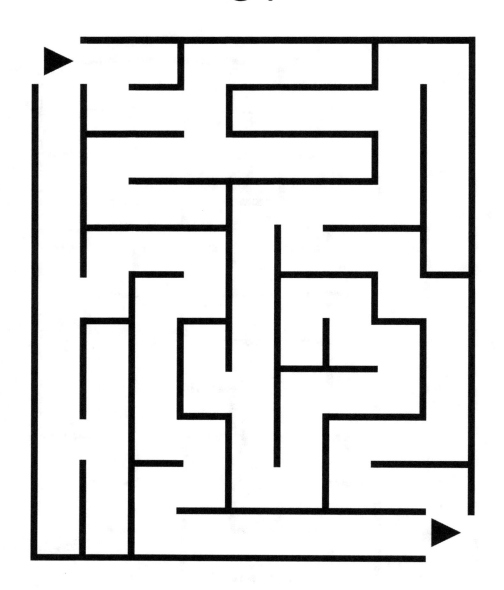

85

86

87

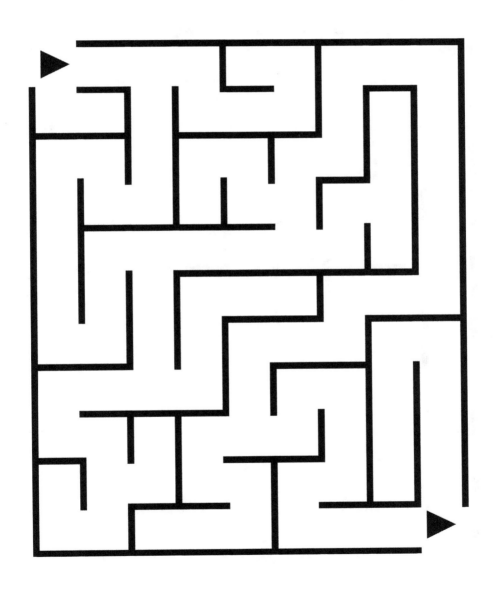

88

89

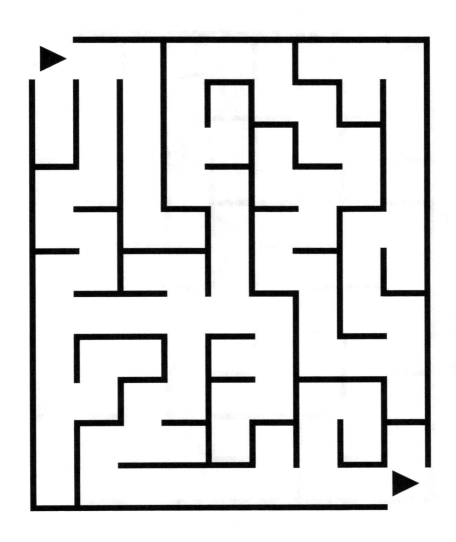

90

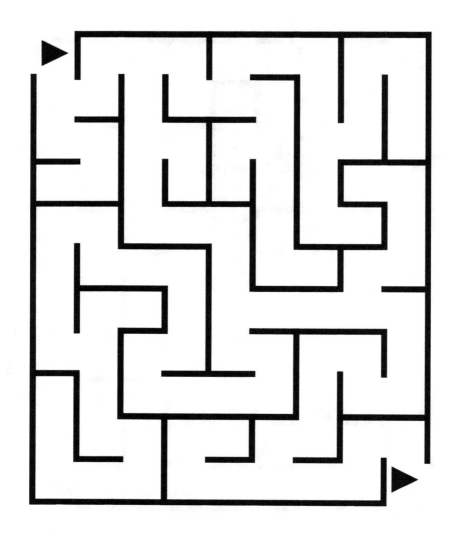

92

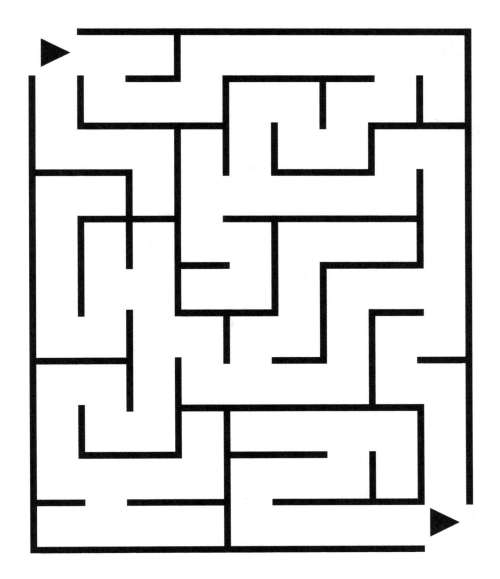

94

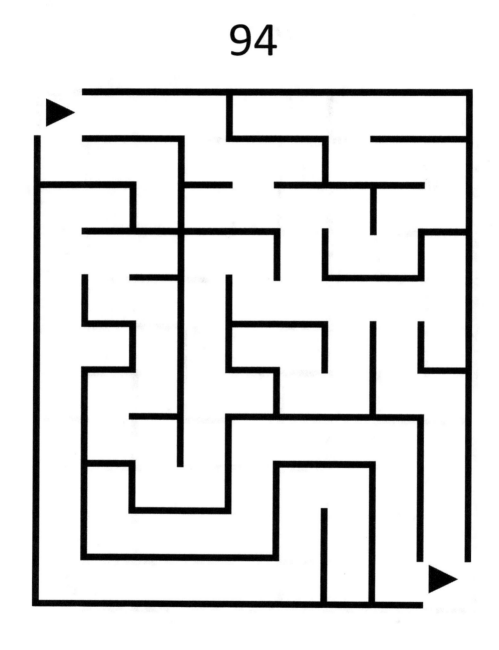

95

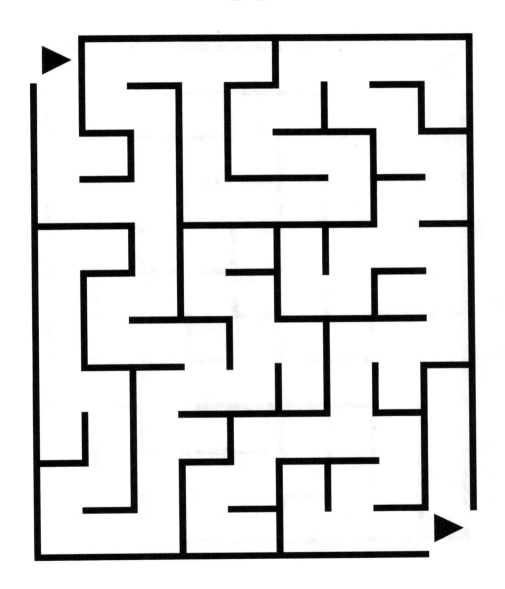

96

97

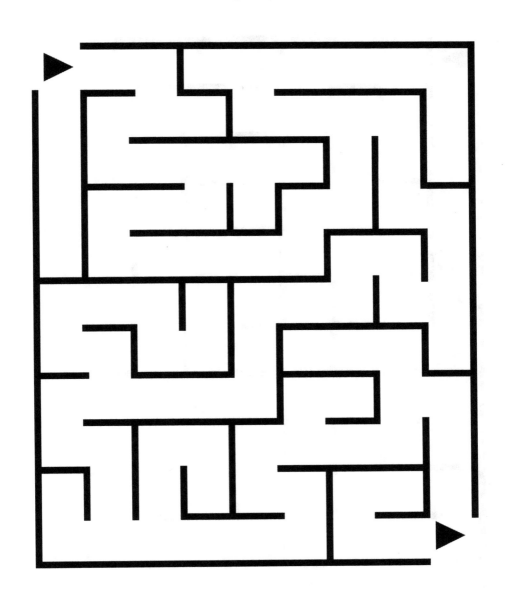

98

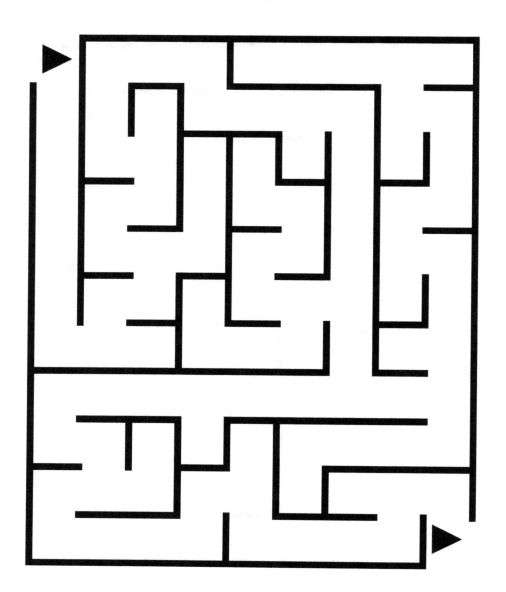

99

100

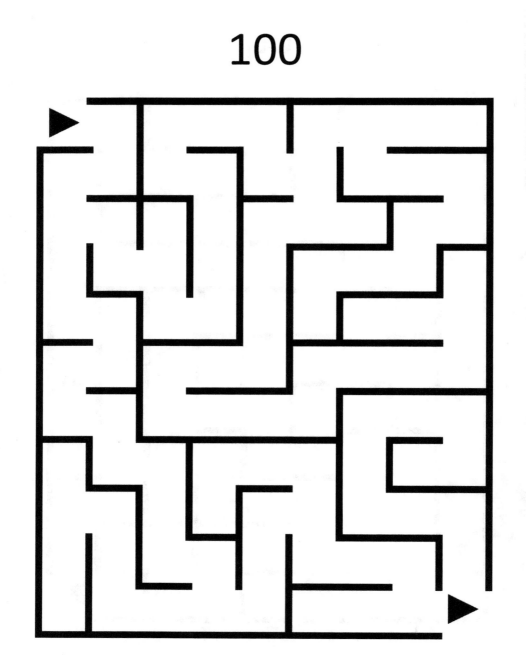

101

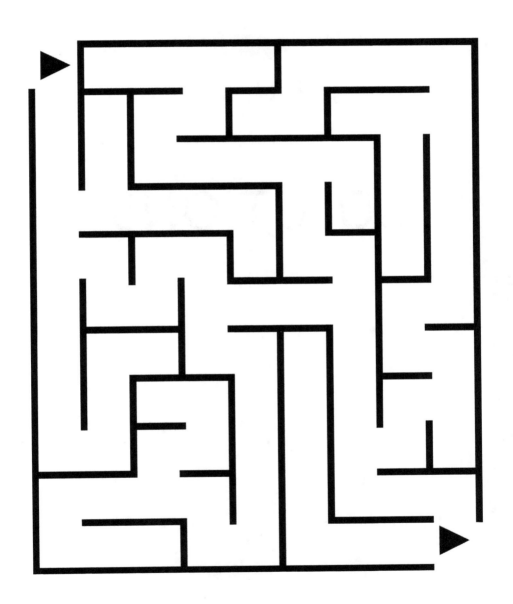

SOLUTIONS

1

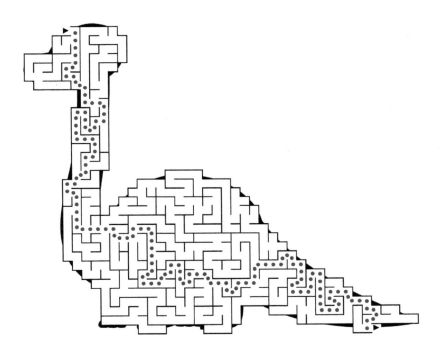

2

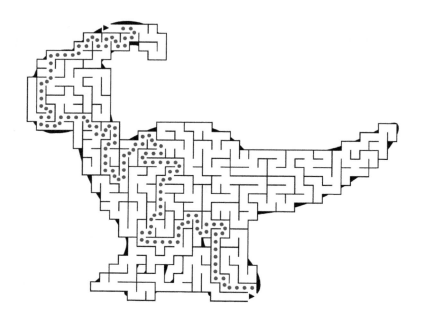

3

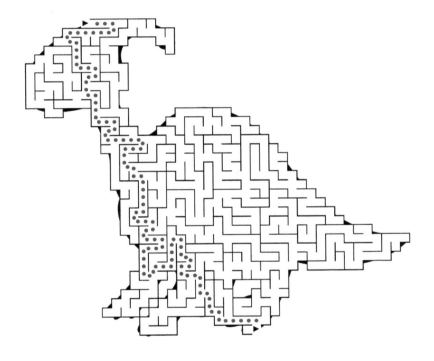

4

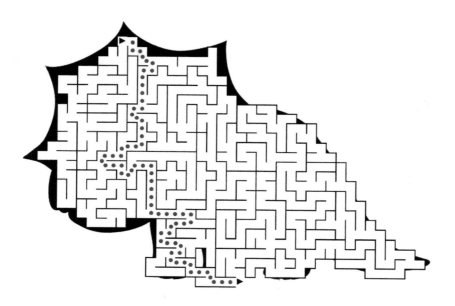

5

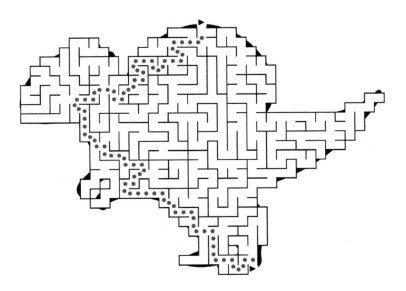

6

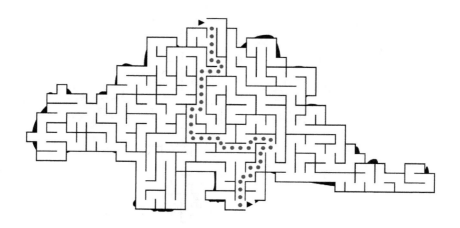

7

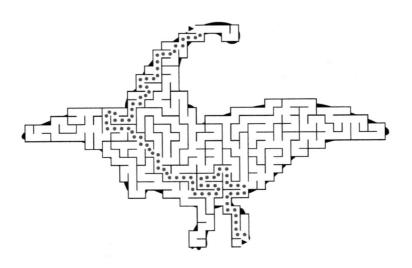

8

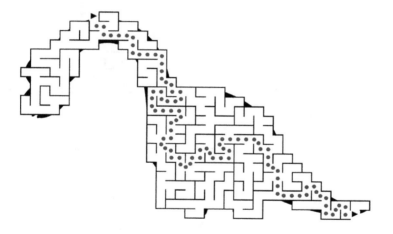

9

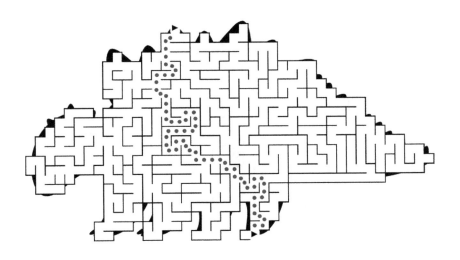

10

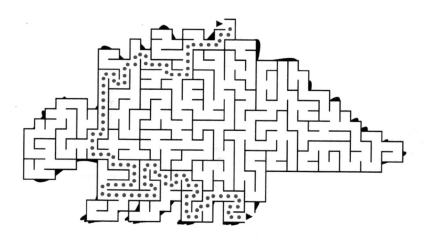

11

SOLUTION

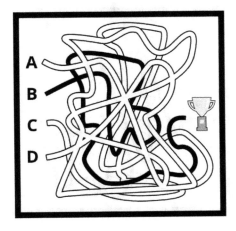

12

SOLUTION

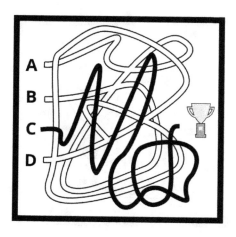

13

SOLUTION

14

SOLUTION

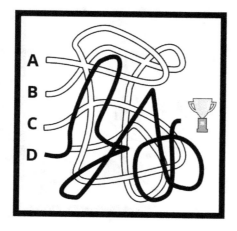

15

SOLUTION

16

SOLUTION

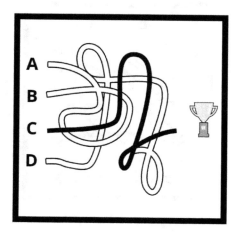

17

SOLUTION

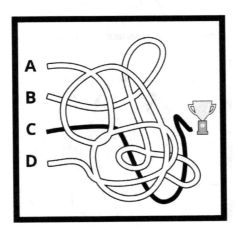

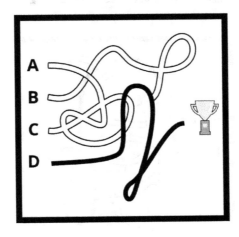

18

SOLUTION

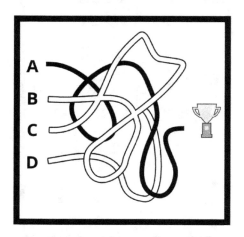

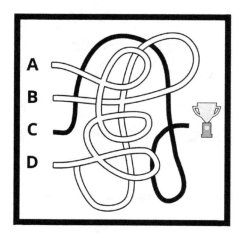

19

SOLUTION

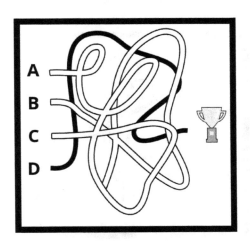

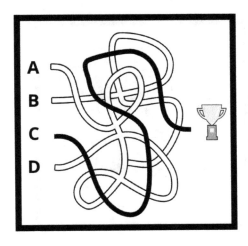

20

SOLUTION

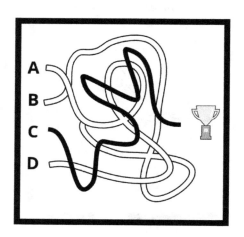

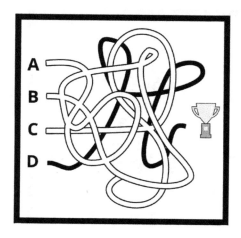

21

22

23

24

25

26

27

28

29

30

31

32

33

34

35

GET THE BEAUTIFUL WINGS!

36

37

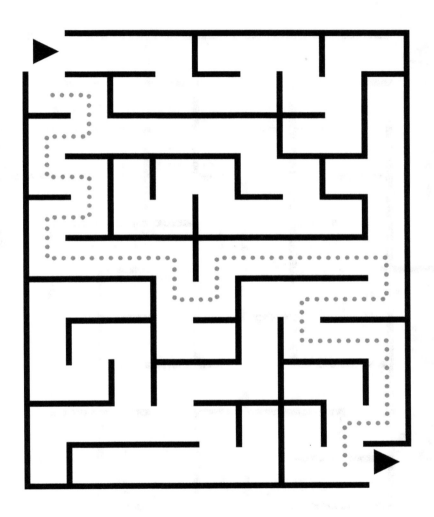

38

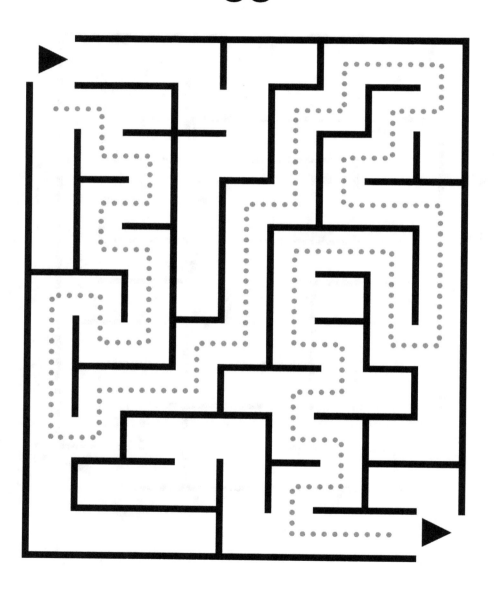

39

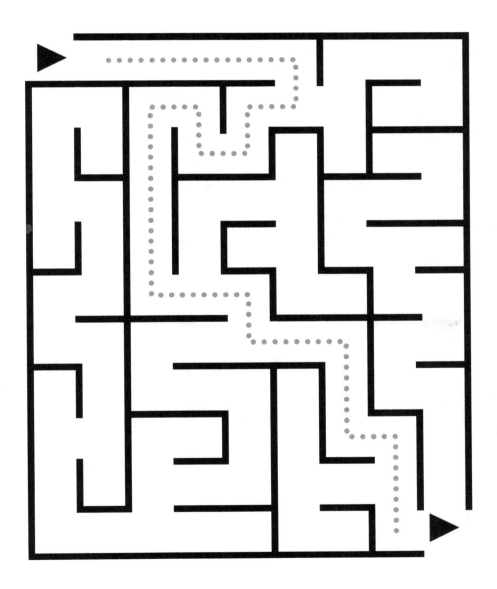

40

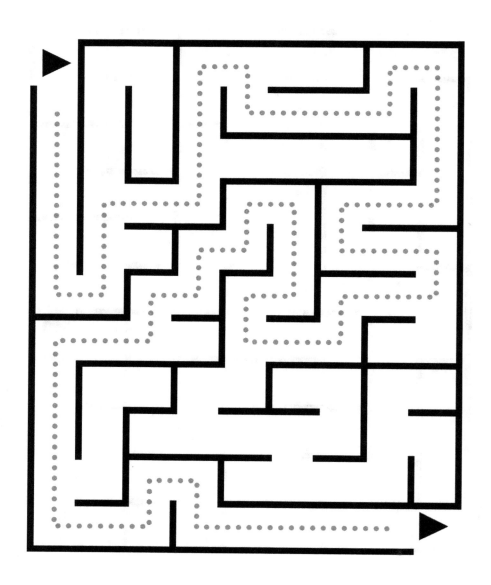

41

42

43

44

45

46

47

48

49

50

51

52

53

54

55

56

57

58

59

60

61

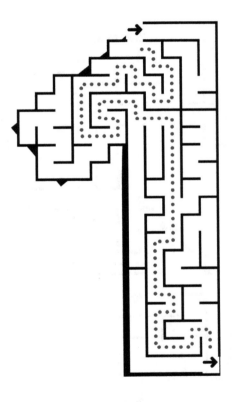

62

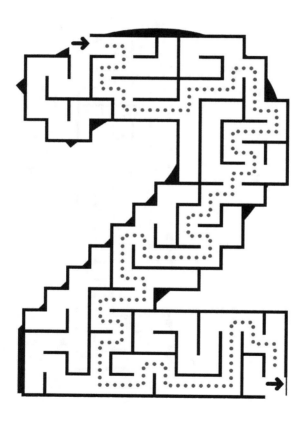

63

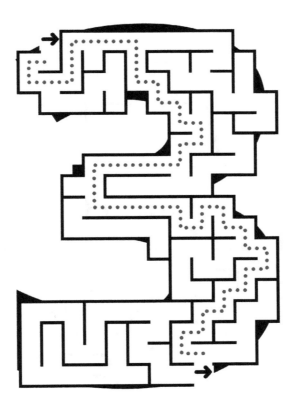

64

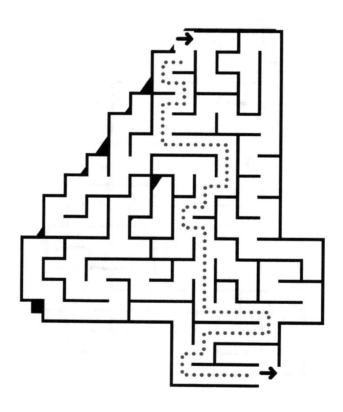

65

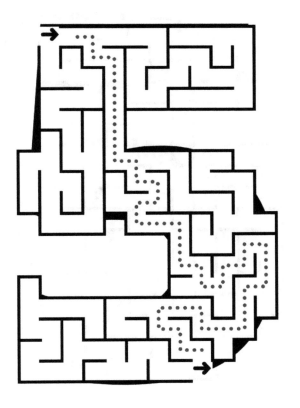

66

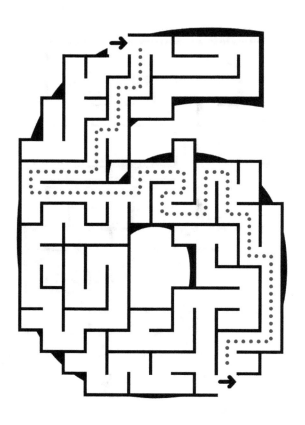

67

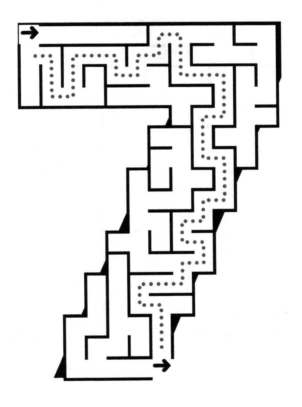

68

69

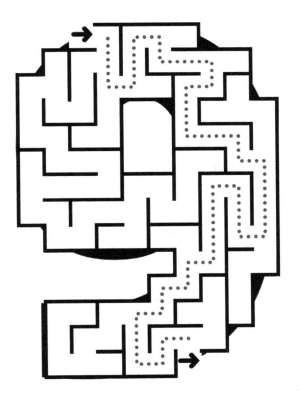

70

71

72

73

74

75

76

77

78

79

80

81

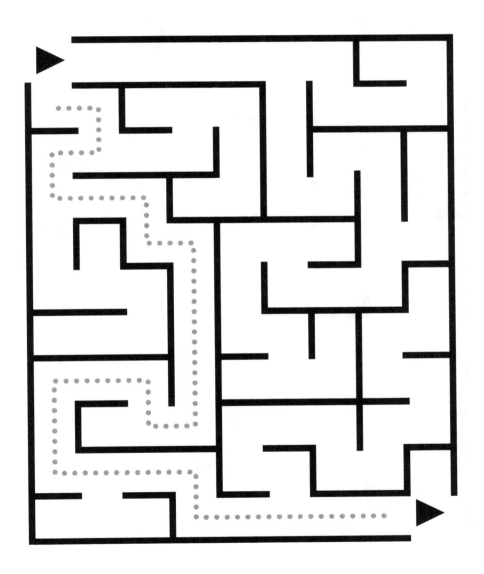

82

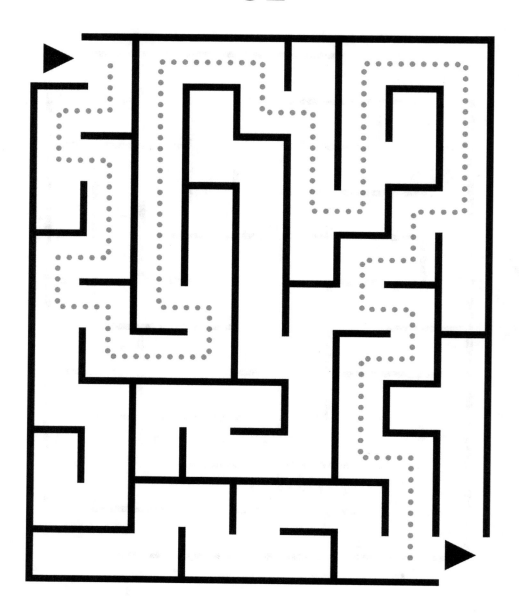

83

84

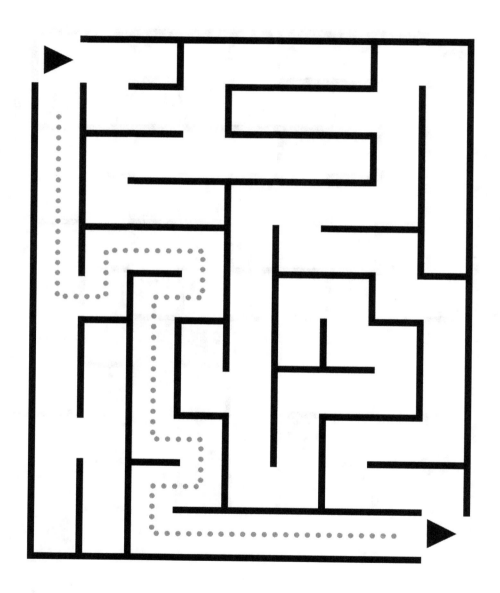

85

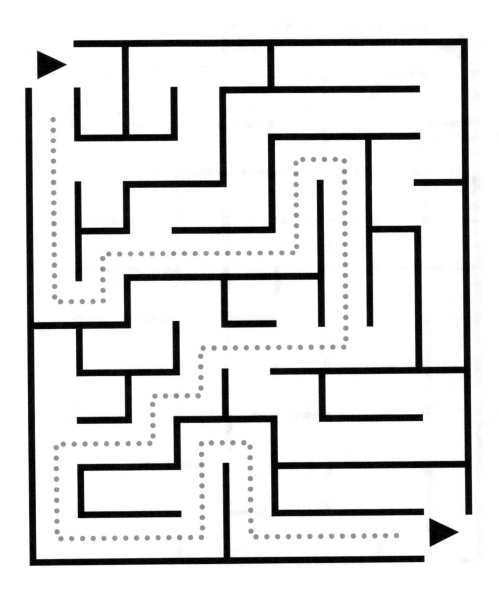

86

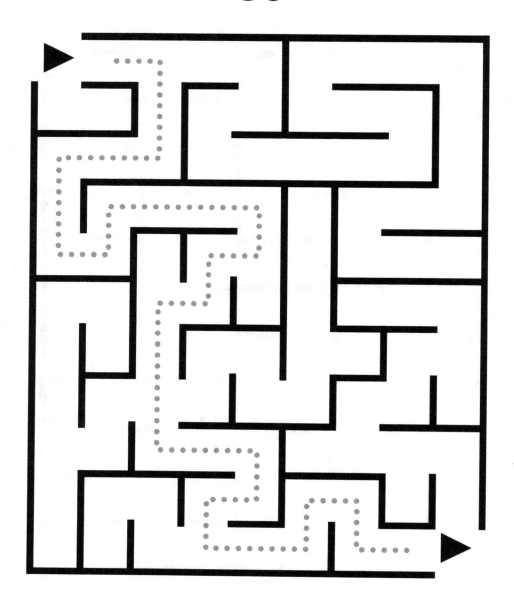

87

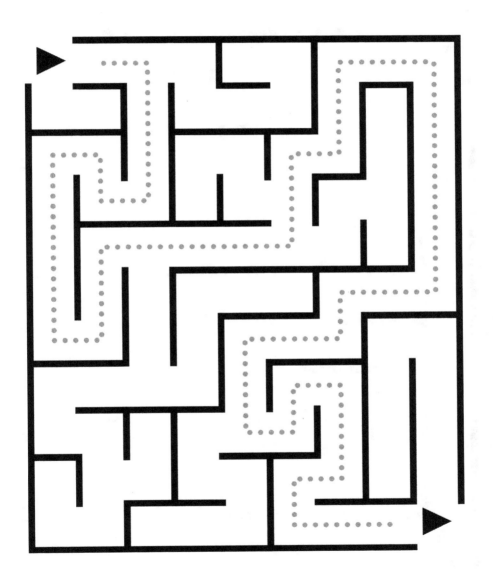

88

89

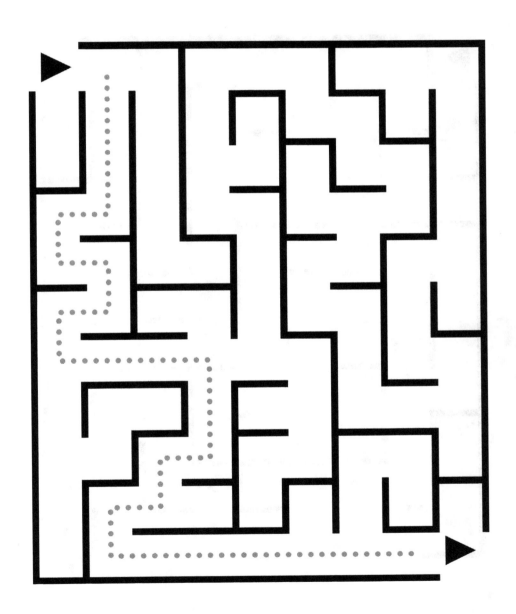

90

91

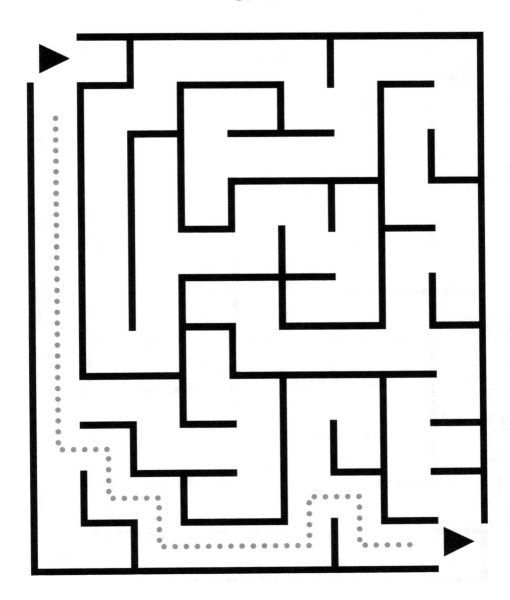

92

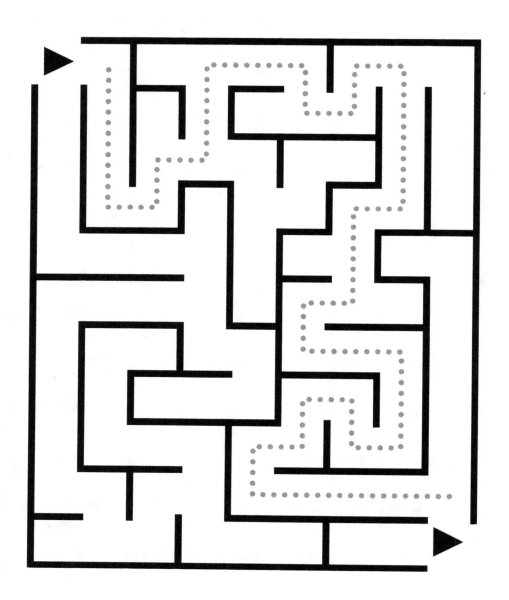

93

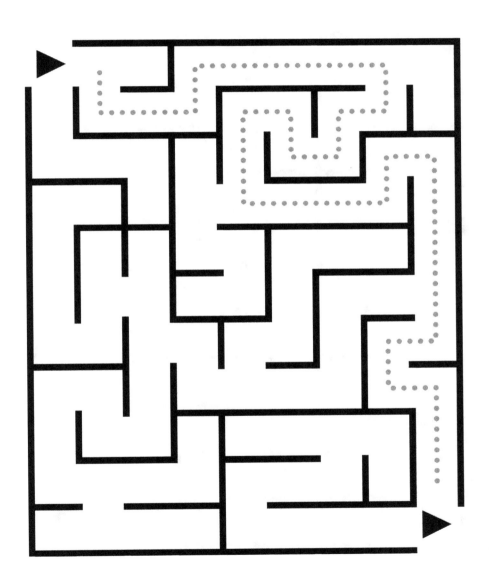

94

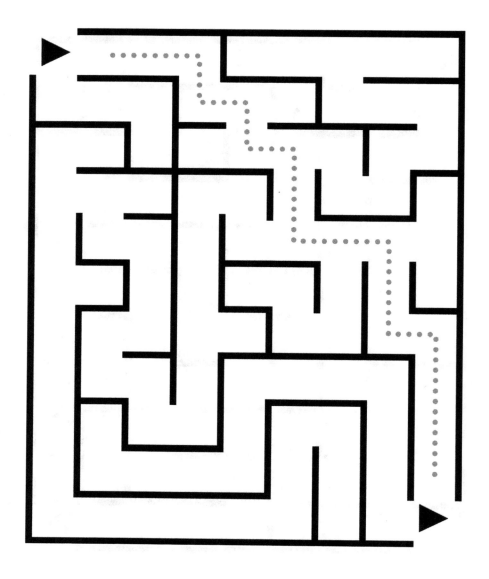

95

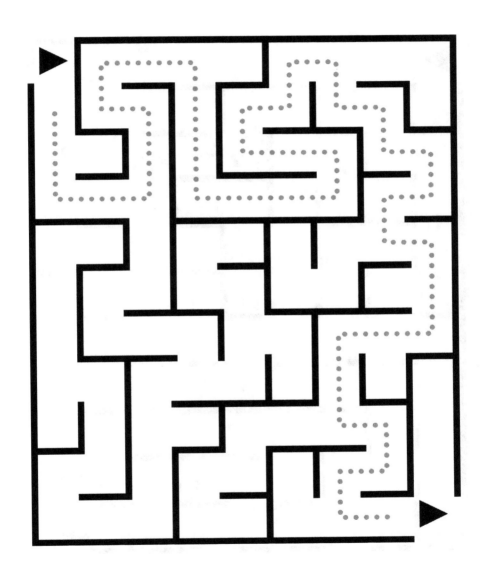

96

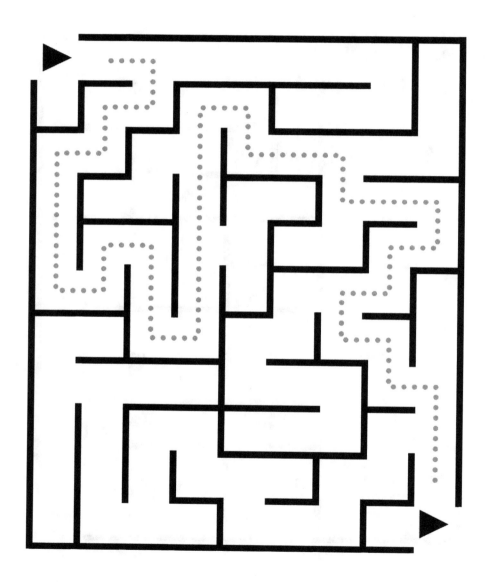

97

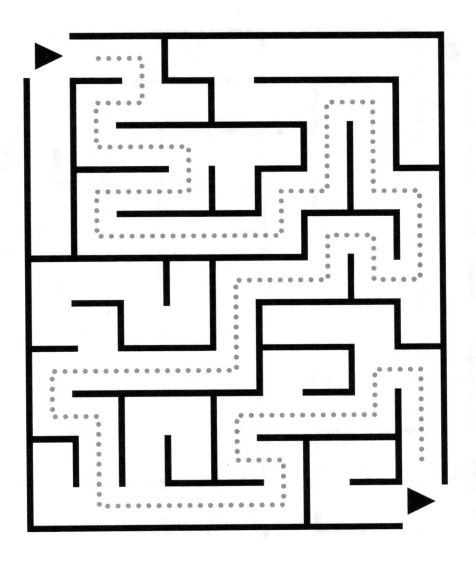

98

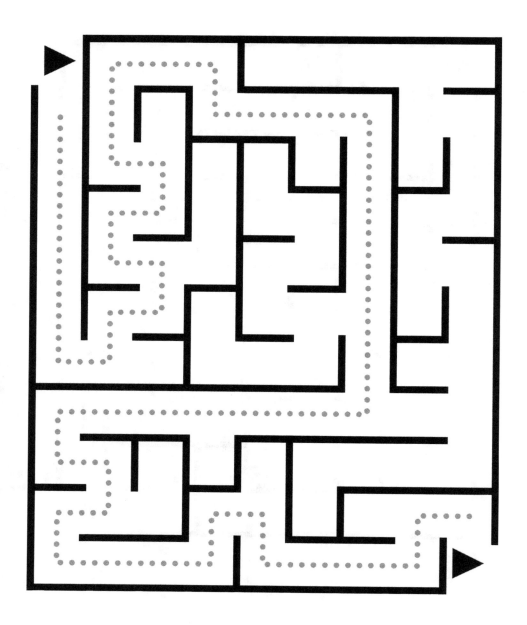

99

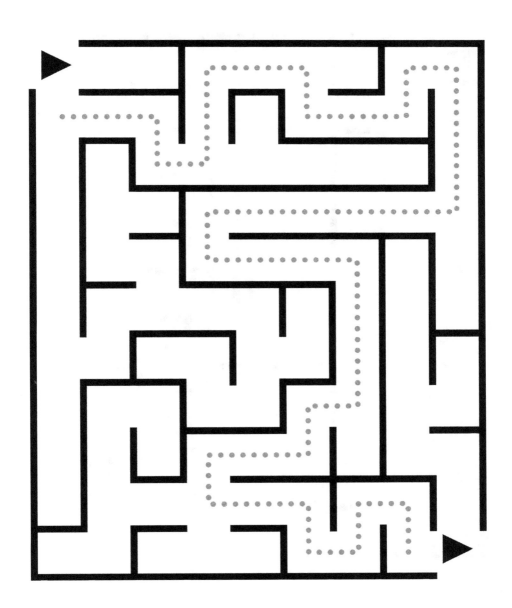

100

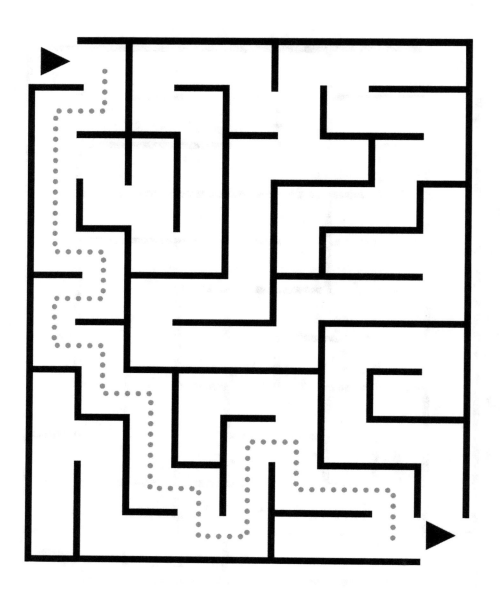

101

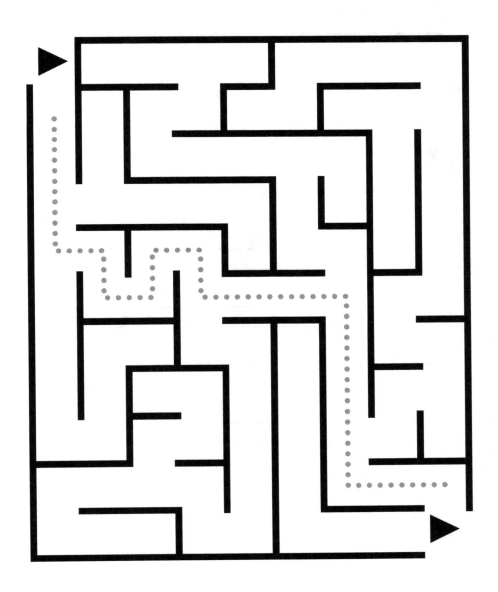

Day: **Date:**

Day: **Date:**

Day: **Date:**

Day: **Date:**

Day: **Date:**

CPSIA information can be obtained
at www.ICGtesting.com
Printed in the USA
BVHW050138120723
667126BV00007B/117